Crescer em Comunhão
CATEQUESE DE INSPIRAÇÃO CATECUMENAL

Livro do catequizando

1

Célio Reginaldo Calikoski
Débora Regina Pupo
Léo Marcelo Plantes Machado
Maria do Carmo Ezequiel Rollemberg
Virginia Feronato

© 2002, 2014, 2021, Editora Vozes Ltda.
Rua Frei Luís, 100
25689-900 – Petrópolis, RJ
www.vozes.com.br
Brasil
35ª edição, 2021

8ª reimpressão, 2025.

Todos os direitos reservados. Nenhuma parte desta obra poderá ser reproduzida ou transmitida por qualquer forma e/ou quaisquer meios (eletrônico ou mecânico, incluindo fotocópia e gravação) ou arquivada em qualquer sistema ou banco de dados sem permissão escrita da editora.

Imprimatur

+ José Ant. Peruzzo

Dom José Antonio Peruzzo
Presidente da Comissão Episcopal Pastoral para Animação Bíblico-Catequética – CNBB
Bispo referencial da Animação Bíblico-Catequética no Regional Sul II – CNBB
Arcebispo da Arquidiocese de Curitiba - PR
Agosto de 2021

CONSELHO EDITORIAL

Diretor
Volney J. Berkenbrock

Editores
Aline dos Santos Carneiro
Edrian Josué Pasini
Marilac Loraine Oleniki
Welder Lancieri Marchini

Conselheiros
Elói Dionísio Piva
Francisco Morás
Gilberto Gonçalves Garcia
Ludovico Garmus
Teobaldo Heidemann

Secretário executivo
Leonardo A.R.T. dos Santos

PRODUÇÃO EDITORIAL

Aline L.R. de Barros
Jailson Scota
Marcelo Telles
Mirela de Oliveira
Natália França
Otaviano M. Cunha
Priscilla A.F. Alves
Rafael de Oliveira
Samuel Rezende
Vanessa Luz
Verônica M. Guedes

Projeto gráfico: Ana Maria Oleniki
Diagramação: Ana Paula Bocchino Saukio
Capa: Ana Maria Oleniki
Revisão gráfica: Francine Porfirio Ortiz
Revisão teológica: Débora Regina Pupo

ISBN 978-65-571-3235-7

Este livro foi composto e impresso pela Editora Vozes Ltda.

SUMÁRIO

Apresentação, 5

BLOCO 1 — SOU IMPORTANTE NA COMUNIDADE

1   E lhes dará um nome, 8

2   O grupo de catequese, 12

3   A família, 16

4   A comunidade, 19

Celebração: Apresentação dos catequizandos à comunidade e entrega da Palavra, 23

BLOCO 2 — AMIGOS DE JESUS

5   Bíblia, um caminho para conhecer Jesus, 28

6   O Pai nos envia seu Filho, 32

7   Crescer diante de Deus e dos homens, 36

8   Jesus veio ao mundo com uma missão, 40

9   **Encontro celebrativo:** Quero ser amigo de Jesus, 43

BLOCO 3 — JESUS TEM MUITO A ENSINAR

10   Palavras que falam ao coração, 48

11   Jesus ensina a acolher, 53

12   Jesus ensina a perdoar, 56

13   Jesus ensina a ter compaixão, 60

14   Jesus ensina a rezar, 64

Celebração: Quando rezarem, façam assim (Entrega da Oração do Senhor), 68

BLOCO 4 — JESUS, DOAÇÃO E SERVIÇO

15 Sinais de vida nova, 72

16 Jesus ensina a servir, 76

17 A cruz é sinal de amor, 80

18 Permanecei no meu amor, 85

19 Sou chamado a formar comunidade no amor, 89

20 Encontro celebrativo: Jesus ensina a amar, 94

Queridos catequizandos,
Prezados pais e familiares,
Estimados catequistas,

Mais uma vez foi revisada a *Coleção Crescer em Comunhão*. Ela lhes chega com o desejo de acompanhar o caminho de fé de crianças e adolescentes. As páginas em suas mãos trazem textos portadores de preciosos conteúdos catequéticos, expostos com cuidados didáticos e muita sensibilidade pedagógica.

Os autores trabalharam com muita dedicação, tendo os olhos fixos em vocês, queridos catequizandos. Ao escreverem, mantiveram a atenção e a sensibilidade à idade, aos interesses, às necessidades e à linguagem própria de quem pode crescer na fé mediante a educação para o discipulado na catequese. Mas também vocês, queridos catequistas, foram lembrados, tendo reconhecidos suas experiências e o anseio de fazer ecoar a Palavra de Deus.

A vocês, prezados pais e familiares, recordo que, em catequese, nada é tão decisivo quanto o interesse e a participação da família. O testemunho de fé que os catequizandos encontrarem em casa, assim como o entusiasmo pela formação catequética dos filhos, farão com que eles percebam a grandeza do que lhes é oferecido e ensinado.

Agora, pronta a obra, chegou o momento de apresentá-la aos destinatários. É um bom instrumento. É um recurso seguro aos que se entregam à catequese. Mas a experiência de fé vem de outra fonte. Vem do encontro com Jesus Cristo. Por Ele, vale a pena oferecer o melhor. Com Ele, podemos *Crescer em Comunhão*.

Dom José Antonio Peruzzo
Arcebispo da Arquidiocese de Curitiba – PR
Bispo referencial da Animação Bíblico-Catequética no Regional Sul II – CNBB
Presidente da Comissão Episcopal Pastoral para Animação Bíblico-Catequética – CNBB

BLOCO 1

SOU IMPORTANTE NA COMUNIDADE

1. E lhes dará um nome
2. O grupo de catequese
3. A família
4. A comunidade

Celebração: Apresentação dos catequizandos à comunidade e entrega da Palavra

1 E LHES DARÁ UM NOME

O nosso nome é muito importante porque nos identifica. Ele foi escolhido pelos nossos familiares com muito carinho. Existem dois momentos que demonstram essa importância, vamos conhecê-los.

O primeiro é o nascimento, quando nosso nome é registrado em um livro que confirma que nascemos para o mundo. Para comprovar isso, é feito um documento chamado Certidão de Nascimento, no qual há informações sobre quem somos: nome, data e local de nascimento, nomes dos pais, entre outras.

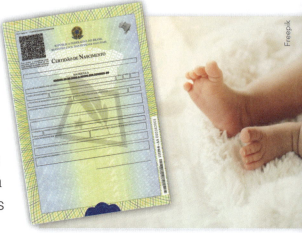

O segundo momento é o dia do Batismo, quando nascemos para Deus e nosso nome é registrado nos livros da comunidade, da igreja em que o rito foi celebrado.

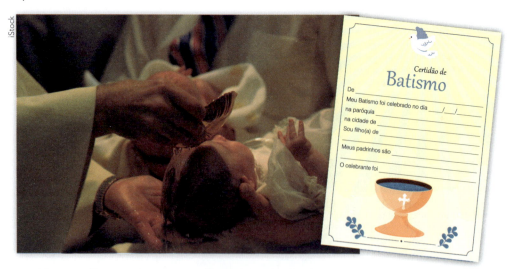

Nesse dia recebemos a Certidão de Batismo, documento que comprova a realização desse sacramento e registra quando fomos acolhidos como filhos amados de Deus.

O nome de uma pessoa pode ser escolhido de várias maneiras. Os familiares, por exemplo, podem optar por um nome em homenagem a um personagem da Bíblia, ao santo do dia do nascimento ou aos avós.

E o seu nome? Você sabe como foi escolhido? Conte para os colegas.

CRESCER COM A PALAVRA

O nome de uma pessoa é tão importante que até Deus deu um nome a seu Filho. Observe como isso aconteceu no texto bíblico que o catequista vai ler.

Acompanhe em sua Bíblia a leitura do Evangelho: Lc 1,26-31.

1. No texto bíblico vemos os nomes de cada personagem. Procure-os no caça-palavras e complete as frases:

O anjo _____ chega até _____ para anunciar que ela vai ser a mãe do Filho de Deus. Esse Filho terá o nome de _____. Esse nome foi escolhido por Deus e significa Deus Conosco.

A	Y	W	J	A	V	N	J	E	S	U	S	H
X	H	S	H	N	M	O	O	O	Q	R	S	T
V	J	Q	T	U	V	X	S	Z	A	C	E	G
B	M	C	I	L	M	P	É	R	G	T	V	Z
N	K	V	B	D	F	H	J	M	A	O	Q	S
J	O	B	U	Z	C	E	G	H	B	J	M	O
H	L	L	Q	S	U	V	D	E	R	G	I	L
T	Ç	I	N	O	M	M	A	R	I	A	Z	X
V	W	T	X	A	B	C	D	E	E	F	G	H
I	Q	R	I	J	K	L	M	N	L	Y	X	Z

9

2. Pinte o desenho e escreva o versículo do texto bíblico no qual o anjo diz à Maria qual vai ser o nome de seu filho.

_____
_____
_____
_____

3. Jesus é nosso amigo, Ele sempre está ao nosso lado. No quadro, escreva o seu nome e o de Jesus.

Fique atento

Muitas vezes, em casa ou na escola, utilizamos apelidos para as pessoas. Esses apelidos podem ser carinhosos ou agressivos. Na sua casa ou na escola em que você estuda, as pessoas têm apelidos? Elas gostam ou não desses apelidos?

CRESCER NA ORAÇÃO

Jesus sempre chamou a todos pelo nome. E a nós, também, Ele chama pelo nome. Ele não nos esquece, Ele nos ama, e sempre está conosco. Ele é um amigo em todas as horas e nos diz: "Os vossos nomes estão escritos nos céus" (Lc 10,20).

★ Participe da atividade que o catequista irá propor. Para isso, escreva seu nome na estrela que irá receber dele e siga as orientações.

★ Vamos agora fazer uma oração ao nosso amigo Jesus.

Jesus, eu o agradeço porque você é meu amigo e sabe meu nome. Como é bom ter um nome! Peço a você, Jesus, que me abençoe sempre. Também quero pedir a proteção dos meus familiares, que escolheram meu nome; que eles sempre sejam abençoados e iluminados pela vossa Palavra. Amém!

CRESCER NO COMPROMISSO

Chamar as pessoas pelo nome é dizer que elas são importantes e únicas. É respeitar e valorizar as pessoas.

  A partir de hoje, você irá cuidar para sempre chamar as pessoas pelos seus nomes, evitando o uso de apelidos em casa, na escola e aqui na catequese.

★ Em casa, faça uma estrela para cada pessoa da família. De um lado escreva o nome dela e, do outro lado, a frase: *O seu nome está escrito nos céus.*

  ★ Depois conte para sua família o que aprendeu no encontro e entregue a estrela que fez para cada pessoa, dizendo o nome dela e lhe dando um abraço.

2 O GRUPO DE CATEQUESE

Todos nós fazemos parte de grupos, seja na escola, seja na vizinhança ou na Igreja. A catequese faz parte da Igreja desde o seu início, com o objetivo de orientar as pessoas a desenvolverem uma vida de fé. A partir de agora, a catequese também vai fazer parte da sua vida, ajudando você e seu grupo a irem ao encontro de uma pessoa: Jesus Cristo. Ele quer conviver e caminhar com vocês.

Com Jesus ao nosso lado, vamos conhecer nossa turma, ou seja, as pessoas que foram chamadas a viver como irmãos e irmãs em Cristo.

Vamos registrar algumas informações da nossa turma?

Nosso grupo é formado ao todo por [   ] catequizandos, sendo [   ] meninas e [   ] meninos.

Nós viemos para a catequese porque escutamos o chamado de [   ] para nos encontrar com [   ].

CRESCER COM A PALAVRA

Ouça com atenção o texto bíblico que narra como Jesus convida as pessoas para fazerem parte de seu grupo de amigos.

📖 Acompanhe em sua Bíblia a leitura do Evangelho: Mc 1,16-20.

📖 Após ouvir o texto, procure-o em sua Bíblia e realize uma leitura com atenção.

1. Jesus convidou quatro pessoas para participarem do seu grupo de amigos. Quais são os nomes delas? Sublinhe em sua Bíblia.

Jesus também nos convida hoje para fazermos parte de seu grupo de amigos. É na catequese, com os seus amigos, que você vai aprender a fazer parte do grupo de Jesus.

Para podermos chamar Jesus de amigo, em nosso grupo de catequese, nós iremos:

- Conhecer melhor Jesus e sua proposta.
- Celebrar e comemorar o que acontece de bonito em nossa vida.
- Experimentar como viver melhor na nossa família e com nossos amigos.
- Rezar juntos pedindo e agradecendo ao Senhor pela vida, saúde, família...

2. Ordene as palavras e descubra o ensinamento que Jesus passou ao seu grupo de amigos, e que serve também para o nosso grupo de catequese.

grupo   Participar   outros.   um   de
ajudando   é   aos   permanecer
uns   unido

_____
_____
_____
_____

13

3. Quando Jesus iniciou sua missão convidou quatro pessoas e, depois, chamou mais oito para fazerem parte do seu grupo e ajudá-lo. Hoje Ele nos convida para ajudá-lo. Escreva o nome de cada colega do seu grupo de catequese, não se esqueça de incluir o seu nome também.

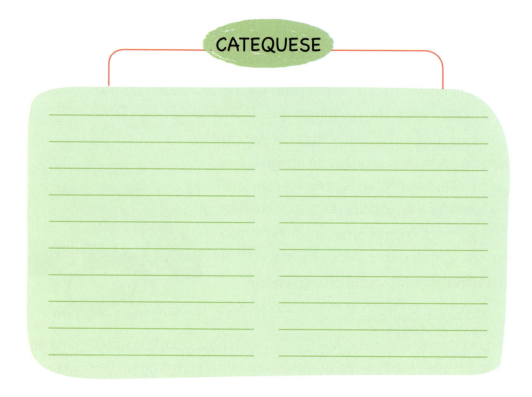

4. Vamos pedir a Jesus que nos mantenha unidos, encerrando este momento do nosso encontro rezando:

> *Jesus, a você que sempre valorizou a amizade, quero lhe pedir com todo o amor do meu coração para que proteja nosso grupo de catequese, e para que eu saiba ser amigo(a) de todos, respeitando e acolhendo cada um do seu jeito, seguindo o seu exemplo de como agiu com seus amigos. Amém!*

Agora que terminamos a oração, dê um abraço em cada amigo do grupo de catequese e em seu catequista.

CRESCER NA ORAÇÃO

Os membros de um grupo precisam praticar várias atitudes para que permaneçam unidos. Uma atitude que não pode faltar em um grupo de catequese, de amigos de Jesus, é a oração.

 Precisamos sempre rezar pelo nosso grupo e pelos membros que dele participam. Siga as orientações do catequista.

 *Ó Jesus Cristo, meu amigo de caminhada, fazei com que eu seja um verdadeiro amigo para meus colegas de catequese. Ajudai-me com o que devo pensar, o que devo dizer, o modo como devo agir para com meus colegas e catequista. Quero sempre seguir seus ensinamentos para o meu bem e o de todos os meus amigos de catequese. Amém!*

CRESCER NO COMPROMISSO

Converse com sua família sobre o que aprendeu nesse encontro.

✶ Leia o texto bíblico de Mc 1,16-20 e escreva, com sua família, uma atitude necessária para participar e contribuir com o grupo de catequese e para aprender a ser amigo de Jesus.

3 A FAMÍLIA

Todos nós fazemos parte de uma família. Nela crescemos e somos educados para respeitar, dialogar, viver em unidade e amar a Deus. Na família aprendemos valores que nos ajudam a ser pessoas que sabem se relacionar e conviver bem em sociedade.

Jesus Cristo também fez parte de uma família, sendo cuidado e educado por Maria e José. Nós chamamos a família de Jesus de Sagrada Família, porque ela acolheu o Filho de Deus.

✶ No quadro, desenhe sua família ao lado da família de Jesus.

CRESCER COM A PALAVRA

Os filhos devem obedecer aos pais. Mas não só obedecê-los, é preciso que saibam amar, respeitar e cuidar do pai e da mãe. Jesus deu exemplo respeitando e obedecendo aos seus pais, Maria e José. Por isso, quando seguimos o seu exemplo, Ele fica alegre com nossas atitudes e se faz presente em nossa família, nos fortalecendo no amor, na união e no respeito entre todos.

⊞ Para entender melhor a obediência e tudo de bom que acontece ao praticá-la, ouça e acompanhe a leitura: Ef 6,1-4.

1. Escolha as palavras para completar as frases e descobrir o que é preciso fazer para colaborar com a felicidade e a paz em sua família.

> BONDADE – DEVERES – REZAR – AMAR –
> OBEDECER – FAMÍLIA – MISSA

a. _____ as pessoas da minha _____ .

b. Respeitar e _____ ao pai e à mãe.

c. Tratar a todos na minha família com _____ e delicadeza.

d. Cumprir com os _____ e respeitar os direitos das pessoas.

e. _____ sempre, buscando a proteção de Deus para a minha família.

f. Participar da _____ com a família.

CRESCER NA ORAÇÃO

A família de Jesus, que chamamos de Sagrada Família, é um exemplo para que possamos aprender como conhecer, amar, respeitar e obedecer ao que Deus nos pede, entendendo o que Ele espera de nós e sendo féis aos seus ensinamentos.

O texto da Bíblia que lemos e refletimos no encontro nos ajuda a reconhecer quais atitudes devemos ter para que a nossa família possa ficar cada dia mais próxima do modelo da família de Jesus.

★ Participe desse momento orante seguindo as orientações:

  ★ Sentem-se próximos à imagem da Sagrada Família, que o catequista trouxe para o encontro, e digam juntos: *Sagrada Família de Nazaré, a minha família vossa é*.

  ★ Pense em cada membro de sua família e escreva seus nomes, no papel que receber do catequista, pedindo a proteção de Deus a cada um.

  ★ Depois, leve o papel até a imagem da Sagrada Família e reze com os amigos da catequese:

Senhor, hoje quero pedir por minha família.
Que a união, a compreensão, a paz e a felicidade façam parte da vida da minha família.
Que a minha família possa estar cada dia mais próxima do modelo e exemplo que é a Sagrada Família.
Olhe pelos membros da minha família, para que eles sejam um modelo de amor, fé e esperança. Amém!

CRESCER NO COMPROMISSO

Nesse encontro aprendemos quais atitudes devemos ter para colaborar com a família, ajudando-a a ser mais feliz e viver na paz de Cristo.

★ Em casa, leia o texto de Ef 6,1-4 com sua família e, juntos, definam uma atitude que podem colocar em prática. Escreva qual atitude vocês escolheram.

18

A COMUNIDADE

4

Nós pertencemos a uma comunidade cristã: a Igreja Católica. Para que a comunidade alcance seus objetivos precisamos estar unidos e participar, dando nossa contribuição com alegria e entusiasmo.

Jesus sempre valorizou a vivência em comunidade. Ele formou uma comunidade com seus discípulos, escolhendo os doze primeiros, mas nesse grupo sempre cabia mais um. Por isso havia muitos membros, e todos viviam em comunhão e de acordo com os ensinamentos de Jesus.

Na comunidade de Jesus havia oração, partilha e comunhão. Nós também somos convidados a fazer parte dessa comunidade, participando ativamente da nossa Igreja.

Em nossa vida, participamos de várias comunidades. A família é a sua primeira comunidade, conhecida como Igreja doméstica. A catequese também é uma comunidade, formada por você e seus amigos para aprender sobre quem é Jesus e como ser amigo d'Ele. Ao ser amigo de Jesus, você participa da comunidade da Igreja e nela aprende a conviver com outras pessoas, a ser solidário e ajudá-las em suas necessidades.

A Igreja é formada pelas pessoas que se reúnem em comunidade para conversar, comemorar e celebrar. O lugar importante onde essa reunião acontece também é chamado de igreja.

1. Escreva na parede da igreja o seu nome, de seus familiares e de seus amigos, identificando-os como membros da comunidade de Cristo.

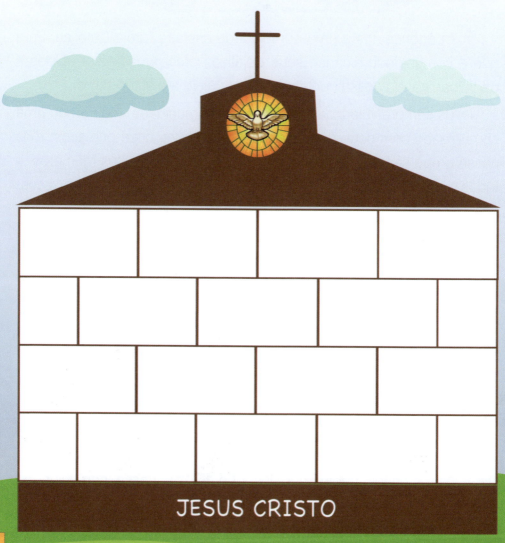

✻ Qual é o nome da igreja que você e sua família participam? Escreva no quadro.

CRESCER COM A PALAVRA

A perfeita comunidade de fé é aquela em que todos procuram viver unidos, e cada um age buscando fazer o bem do outro e partilhar. A perfeita comunidade é, principalmente, aquela que reza e se alimenta da Palavra de Deus. Nela, todos têm um só objetivo: viver de acordo com os ensinamentos de Jesus.

Vamos aprender como viviam as primeiras comunidades de Jesus. Ouça a leitura que seu catequista irá realizar: At 4,32-35.

1. Leia o texto novamente, em silêncio. Depois procure nele as palavras que completam as frases.

A multidão de fiéis era um só _____ e uma só _____.

Tudo entre eles era _____.

Com grande eficácia, os apóstolos davam testemunhos da _____ do Senhor _____.

Não havia _____ entre eles.

Repartia-se, então, a cada um segundo a sua _____.

CRESCER NA ORAÇÃO

As primeiras comunidades cristãs rezavam muito. Seguindo esse exemplo, vamos juntos rezar pela nossa comunidade.

Catequista: Senhor, pedimos pelos doentes da nossa comunidade: aliviai a dor deles.

Todos: Senhor, te pedimos com amor.

Catequista: Senhor, pedimos pelos familiares dos doentes de nossa comunidade: dai-lhes força e paciência.

Todos: Senhor, te pedimos com amor.

Catequista: Senhor, pedimos pelas lideranças de nossa comunidade: dai-lhes ânimo para que não desanimem em seu trabalho.

Todos: Senhor, te pedimos com amor.

Catequista: Senhor, pedimos pelos padres de nossa comunidade: dai-lhes perseverança em sua missão.

Todos: Senhor, te pedimos com amor.

Catequista: Senhor, pedimos pelas famílias de nossa comunidade: que elas tenham lar e comida, sendo sempre acolhedoras com todos.

Todos: Senhor, te pedimos com amor.

CRESCER NO COMPROMISSO

Os discípulos, nas primeiras comunidades cristãs, atendiam às necessidades das pessoas. Nós, como membros de nossa comunidade, também podemos atender às necessidades das pessoas.

✴ Com sua família, escolha uma das atitudes propostas ou outra para realizar em sua comunidade: entrega de alimentos ou materiais de limpeza; doação de roupas para uma família necessitada; visita a um doente para rezar com ele; coleta de material escolar para dar a uma criança que não tem condição de comprá-lo.

✴ Depois de realizarem essa atividade escreva, junto com sua família, o que vocês sentiram.

APRESENTAÇÃO DOS CATEQUIZANDOS À COMUNIDADE E ENTREGA DA PALAVRA

CELEBRAÇÃO

ACOLHIDA

Catequista: Hoje nossa comunidade está em festa. Teremos a apresentação dos novos catequizandos e a entrega da Palavra para eles. Vamos iniciar a nossa celebração com a procissão de entrada.

SAUDAÇÃO

O presidente da celebração saúda os catequizandos e toda a comunidade, falando deste importante ato de apresentação e entrega da Palavra.

Apresentação dos catequizandos e catequista

Todos sentados. O catequista se apresenta e chama cada catequizando pelo nome. O catequizando chamado fica de pé. Terminada a apresentação dos catequizandos, a comunidade os recebe com uma salva de palmas.

COMPROMISSO

Presidente da celebração: Queridos catequizandos e queridas catequizandas, vocês estão iniciando a catequese, estão aderindo à proposta de Jesus Cristo de paz, amor e serviço. A catequese irá prepará-los para essa adesão, fortalecendo a fé no Jesus Ressuscitado. Pergunto: Vocês estão dispostos a participar assiduamente da catequese e da vida da comunidade?

Catequizandos: Sim, estou.

Presidente da celebração: Queridos pais, vocês estão dispostos a colaborar com os catequistas na catequese de seu filho e sua filha, ensinando-os as principais orações do cristão e a leitura diária da Bíblia?

Pais: Sim, estou.

Presidente da celebração: Estimada comunidade, estes catequizandos desejam conhecer Jesus Cristo. Por isso serão necessários ajuda, oração e incentivo de toda a comunidade através do testemunho pessoal de participação na vida comunitária. Vocês prometem apoiá-los e incentivá-los no crescimento da fé e no conhecimento de Jesus Cristo?

Comunidade: Sim, prometo.

Presidente da celebração: Amados e amadas catequistas, vocês estão dispostos a colaborar com estes catequizandos no crescimento de sua fé e no seguimento a Jesus Cristo?

Catequistas: Sim, estou.

Prossegue com o Ato Penitencial até a Homilia.

ENTREGA DA PALAVRA

Após a Homilia, o presidente da celebração convida os pais dos catequizandos e das catequizandas para virem até a mesa pegar uma Bíblia e entregá-la a seu filho ou filha.

Ao entregar a Bíblia para seu filho ou filha, os pais dizem a seguinte frase: "Receba o livro que contém a Palavra de Deus. Que ela seja luz para sua vida". Ao receber a Bíblia, o(a) catequizando(a) abraça e beija os pais.

Prossegue com o Creio.

PRECES

(Cf. RICA, n. 94.)

Presidente da celebração: Rezemos por esses catequizandos e catequizandas, suas famílias, seus catequistas e toda a comunidade.

Catequista: Senhor, que a proclamação e escuta da vossa Palavra revelem a esses catequizandos e catequizandas Jesus Cristo, vosso Filho, rezemos:

Todos: Senhor, atendei a nossa prece.

Catequista: Inspirai, Senhor, os catequizandos e as catequizandas para que, com generosidade e disponibilidade, acolham a vossa vontade, rezemos:

Todos: Senhor, atendei a nossa prece.

Catequista: Senhor, sustentai, com auxílio sincero dos catequistas e pais, a caminhada desses catequizandos e catequizandas, rezemos:

Todos: Senhor, atendei a nossa prece.

Catequista: Fazei, Senhor, que a nossa comunidade, unida na oração e na prática da caridade, seja exemplo de vida para esses catequizandos e catequizandas, rezemos:

Todos: Senhor, atendei a nossa prece.

Prossegue com a Liturgia Eucarística.

BÊNÇÃO E ENVIO

O presidente da celebração diz algumas palavras sobre a acolhida dos catequizandos e das catequizandas e a entrega da Bíblia, assim como sobre a importância de viver de acordo com a Palavra de Deus. Convida os catequizandos e as catequizandas a se aproximarem do altar e, de joelhos, receberem a bênção. Pede para catequistas, pais e comunidade estenderem a mão sobre os catequizandos e as catequizandas durante a bênção.

BLOCO 2

AMIGOS DE JESUS

5   Bíblia, um caminho para conhecer Jesus

6   O Pai nos envia seu Filho

7   Crescer diante de Deus e dos homens

8   Jesus veio ao mundo com uma missão

9   **Encontro celebrativo:** Quero ser amigo de Jesus

5 BÍBLIA, UM CAMINHO PARA CONHECER JESUS

A Bíblia é a Palavra de Deus que aponta para o verdadeiro caminho: Jesus Cristo. Ler a Bíblia é muito importante, porque nela aprendemos a ter atitudes de pessoas que amam a Deus. Nela encontramos os acontecimentos que narram as alegrias, lutas, dificuldades e orações das pessoas que aprenderam a reconhecer que Deus agia em suas vidas. Por meio dela, ainda, aprendemos sobre a pessoa de Jesus.

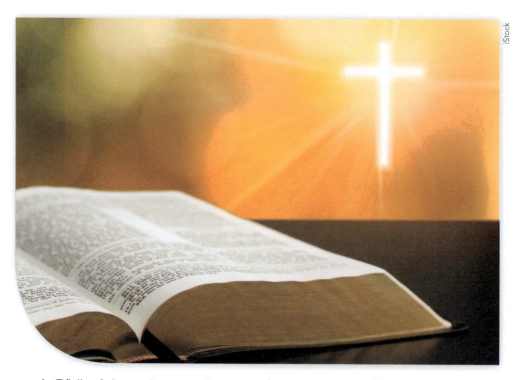

A Bíblia foi escrita em diversas épocas e por diferentes pessoas, sendo uma verdadeira biblioteca com 73 livros. Está dividida em duas grandes partes: **Antigo Testamento**, com 46 livros que narram os acontecimentos antes de Jesus nascer, e **Novo Testamento**, com 27 livros que contam os acontecimentos a partir do nascimento de Jesus.

✶ Na sua Bíblia, abra o sumário e leia os nomes dos 73 livros. Você já conhecia algum desses livros? Quais são os quatro livros que chamamos de Evangelhos e sobre quem eles falam?

CRESCER COM A PALAVRA

✴ Vamos nos preparar para a leitura da Palavra de Deus rezando:

> *Senhor, que eu conheça e entenda tua Palavra para saber o que devo pensar, o que devo dizer, o que devo calar, o que devo escrever, como devo agir e o que fazer, enfim, para ser sempre mais parecido contigo. Amém!*

📖 Acompanhe em sua Bíblia a leitura: Sl 119(118),103-105.

1. No texto, o salmista faz várias comparações em relação à Palavra de Deus. Leia novamente os versículos e converse com o seu grupo e catequista sobre o que significam.

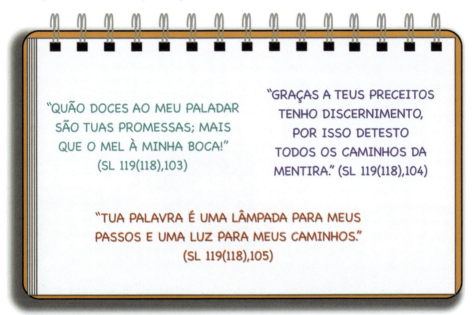

"QUÃO DOCES AO MEU PALADAR SÃO TUAS PROMESSAS; MAIS QUE O MEL À MINHA BOCA!" (SL 119(118),103)

"GRAÇAS A TEUS PRECEITOS TENHO DISCERNIMENTO, POR ISSO DETESTO TODOS OS CAMINHOS DA MENTIRA." (SL 119(118),104)

"TUA PALAVRA É UMA LÂMPADA PARA MEUS PASSOS E UMA LUZ PARA MEUS CAMINHOS." (SL 119(118),105)

2. Qual comparação chamou mais sua atenção? Por quê?

3. Elaborem um parágrafo coletivo resumindo o que aprenderam com o salmista.

_____
_____
_____
_____

A luz nos ajuda a enxergar o que está no caminho e por onde podemos andar para chegar ao destino. Assim é a Bíblia: uma lâmpada que ilumina os caminhos para convivermos melhor com as pessoas, nos aproximarmos de Deus e conhecermos Jesus Cristo, compreendendo que os seus ensinamentos orientam como podemos viver bem e felizes.

4. Observe com muita atenção a ambientação de sua sala de encontro. O que tem no meio do tecido? O que tem na direção da Bíblia? Que frase está em destaque?

a. Após esse momento, desenhe os seus passos indo em direção à Bíblia, como se ela fosse a lâmpada para guiar o seu caminho.

CRESCER NA ORAÇÃO

A Bíblia é a lâmpada, e Jesus é a luz que nos ensina a viver o amor, cultivar a paz e praticar o bem, ajudando a nos afastar de tudo o que impede a nossa felicidade.

✸ Coloque as mãos sobre a sua Bíblia e reze junto com seu grupo:

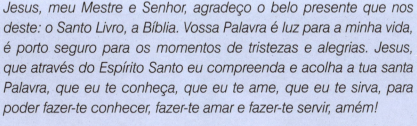

Jesus, meu Mestre e Senhor, agradeço o belo presente que nos deste: o Santo Livro, a Bíblia. Vossa Palavra é luz para a minha vida, é porto seguro para os momentos de tristezas e alegrias. Jesus, que através do Espírito Santo eu compreenda e acolha a tua santa Palavra, que eu te conheça, que eu te ame, que eu te sirva, para poder fazer-te conhecer, fazer-te amar e fazer-te servir, amém!

(CALIKOSKI, 2019, p. 60.)

CRESCER NO COMPROMISSO

Nesse encontro aprendemos que a Bíblia contém a Palavra de Deus e os ensinamentos de Jesus, que ela é a luz a guiar nossas vidas.

✸ Como compromisso para esse encontro, reúna sua família e conte o que você aprendeu sobre a Bíblia.

✸ Converse com sua família sobre muitas pessoas não conhecerem ou saberem pouco sobre a Bíblia e Jesus. Nós, como cristãos, precisamos conhecer e amar a Bíblia, pois é através dela que sempre aprenderemos mais sobre Jesus Cristo. Como cristãos, nós também precisamos ajudar as pessoas a conhecerem Jesus, e a Bíblia é o caminho seguro para isso.

✸ Proponha à sua família colaborar com o grupo de catequese para a aquisição de uma Bíblia a ser doada a uma família que não tem.

6 — O PAI NOS ENVIA SEU FILHO

Deus nos ama tanto que enviou seu Filho para viver em nosso meio. Ele fez isso por meio do SIM de uma mulher: Maria. O Filho de Deus nasceu em uma família pobre, num lugar humilde, onde foi acolhido pelo amor de seus pais Maria e José. Ele também foi acolhido pelo carinho dos pastores que foram visitá-lo.

CRESCER COM A PALAVRA

Deus quer que fiquemos sempre perto d'Ele! Por isso enviou Jesus, seu Filho, para viver perto de nós.

📖 Ouça o que seu catequista irá contar sobre tudo o que envolveu o nascimento de Jesus: Lc 1,26-38.2,4-14.

Deus nos ama tanto que decidiu que o seu Filho viveria como um de nós: nasceria, aprenderia, rezaria, trabalharia... Para isso, Ele escolheu Maria, uma jovem humilde da pequena cidade de Nazaré, para gerar seu Filho. Para Jesus vir ao mundo do jeito que Deus planejou, no entanto, foi preciso que Maria dissesse SIM. Mesmo assustada, ela se mostrou fiel à vontade divina e aceitou o compromisso de ser a mãe do Filho de Deus. E durante toda a sua vida, Maria repetiu seu SIM à vontade de Deus.

1. Abra sua Bíblia no texto de Lc 1,26-38, então leia com carinho e atenção. Depois escreva no balão o versículo que mostra a fé, a obediência e a confiança de Maria em Deus.

Jesus nasceu numa estrebaria, lugar onde as vacas e os bois dormem, e onde é tirado o leite das vacas. Isso aconteceu porque, na época, a cidade de Belém estava com muitos visitantes e não tinha lugar para hospedagem. Como ninguém deu à Maria um lugar melhor para ficar e ter seu filho, só havia a estrebaria disponível, no meio dos animais que ali estavam. Após seu nascimento, Jesus foi envolto em panos e colocado na manjedoura, um recipiente onde o boi e a vaca comem. E foi assim que tudo aconteceu. Mas, mesmo em condições precárias, Jesus foi acolhido com alegria.

2. Diante da situação vivida por Jesus, responda:

a. Em que dia e mês comemoramos o nascimento de Jesus?

b. Como celebramos o nascimento de Jesus? Comente.

c. Como podemos acolher Jesus em nossa vida hoje?

_____
_____
_____
_____

d. Assim que os anjos anunciaram o nascimento de Jesus, os pastores foram visitá-lo. E nós, onde podemos visitar Jesus hoje?

_____
_____
_____

CRESCER NA ORAÇÃO

Jesus veio viver em nosso meio, que alegria! Como os anjos, vamos dar glória a Deus, respondendo após cada pedido:

Todos: Glória a Deus nas alturas e paz na Terra aos homens de boa vontade.

- Jesus, te peço: nasça em meu grupo de catequese.
- Jesus, te peço: nasça em minha família.
- Jesus, te peço: nasça em minha comunidade.
- Jesus, venha até nós para nos abençoar com sua paz.

Rezemos juntos:

Senhor Deus, porque quiseste que o teu Filho Jesus tivesse uma família humana, nós agradecemos e pedimos: guarda e protege nossas famílias, para que, fortalecidas pela tua graça, vivam em união e sejam testemunhas do teu amor no mundo. Por nosso Senhor Jesus Cristo, amém!

CRESCER NO COMPROMISSO

Ao nascer, Jesus se faz um de nós; seu nascimento é como um presente de Deus. Jesus nasceu em uma situação difícil, em um lugar inadequado e sem conforto. Isso aconteceu porque faltou acolhimento das pessoas à sua família. Também hoje, muitas pessoas passam por dificuldades por não serem acolhidas. Você conhece alguma situação em que as pessoas não foram acolhidas? Qual?

✳ Converse com seu grupo sobre o que é preciso fazer para acolher as pessoas. Depois, escolha uma atitude para expressar como você pretende agir para ser alguém que acolhe as pessoas tanto nos momentos bons quanto nos momentos difíceis.

ATITUDE ESCOLHIDA

_____

O QUE VOCÊ PODE FAZER PARA NÃO SE ESQUECER DE REALIZAR A ATITUDE QUE ESCOLHEU?

_____
_____
_____
_____
_____

7 CRESCER DIANTE DE DEUS E DOS HOMENS

Quando vemos nossas fotos antigas, percebemos que nossa aparência mudou. As fotos nos mostram que, durante a vida, nós mudamos, crescemos e desenvolvemos nossa inteligência, e isso também acontece em nossa vida de fé. Não foi diferente para Jesus. Ele também foi um bebê, uma criança, um adolescente. Ele teve uma vida parecida com a de qualquer pessoa que vai crescendo e desenvolvendo suas capacidades para entender os fatos, aprender, trabalhar, ajudar as pessoas, ser responsável com seus compromissos e amar a Deus e ao próximo. Assim cresceu Jesus, diante de Deus e dos homens: cresceu em tamanho, sabedoria e graça.

CRESCER COM A PALAVRA

Com a ajuda de Maria e José, Jesus foi crescendo e se desenvolvendo, recebendo deles o alimento necessário, o entendimento das coisas que envolvem a vida, o conhecimento de Deus por meio de participação na comunidade e da leitura dos textos sagrados. Assim Ele foi aprendendo, especialmente, a importância do amor a Deus que seus pais lhe transmitiam.

☐ Ouça o que seu catequista irá ler e acompanhe em sua Bíblia: Lc 2,41-52.

Jesus precisou de duas pessoas próximas, Maria e José, para crescer em tamanho, sabedoria e graça, ou seja, para crescer fisicamente, nos conhecimentos das coisas e espiritualmente. Nós somos assim também, pois precisamos de outras pessoas para crescer em tamanho, ajudando-nos a cuidar de nossa saúde, em sabedoria, ensinando-nos sobre o ser humano e o mundo, e em graça, orientando-nos a como desenvolver a nossa vida de fé. Basta olhar as nossas fotos para constatar o quanto crescemos e evoluímos.

1. Leia o texto bíblico e responda:

a. O que a família de Jesus foi fazer em Jerusalém?

b. Quantos anos Jesus tinha?

c. Depois que terminou a festa, o que aconteceu com Jesus?

d. O que ajudou Jesus a crescer? Como Ele crescia?

2. Relacione o que é necessário para crescer como Jesus. Para isso, pinte de **azul** as atitudes que correspondem a crescer em tamanho; de **vermelho**, as atitudes que se referem a crescer em sabedoria; e de **verde**, as atitudes que indicam o que é preciso para crescer em graça.

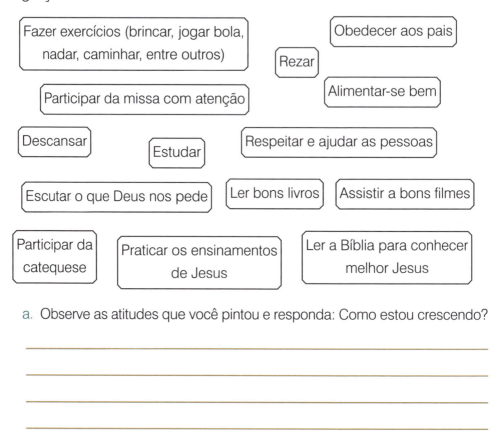

a. Observe as atitudes que você pintou e responda: Como estou crescendo?

_____
_____
_____
_____

3. Escolha uma atitude da atividade 2 para cada crescimento: tamanho, sabedoria e graça. Escreva essas atitudes escolhidas nas tarjas de papel que o catequista irá entregar a você. Coloque suas tarjas no painel preparado pelo catequista.

CRESCER NA ORAÇÃO

Maria e José ensinaram Jesus a rezar. A oração nos ajuda a crescer em graça diante de Deus.

✶ Prepare-se para a oração, fechando os olhos ou inclinando a cabeça. Procure se lembrar das pessoas que sempre estão à sua volta, ajudando você a crescer em tamanho, sabedoria e graça. Em silêncio, peça a bênção de Deus sobre essas pessoas.

Rezemos juntos:

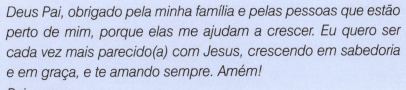

Deus Pai, obrigado pela minha família e pelas pessoas que estão perto de mim, porque elas me ajudam a crescer. Eu quero ser cada vez mais parecido(a) com Jesus, crescendo em sabedoria e em graça, e te amando sempre. Amém!
Pai nosso...

CRESCER NO COMPROMISSO

Jesus crescia em graça diante do Pai e dos homens. Nós também podemos crescer em graça diante de Deus e da nossa comunidade. Para que isso aconteça, devemos estar atentos aos bons conselhos, ensinamentos e atitudes de pessoas que podem nos ensinar e inspirar a crescer em graça, como de catequistas, mãe, pai, avós, padres e professores.

★ Na atividade 3, você escolheu uma atitude para crescer em graça. Vá até o painel e copie no seu livro essa atitude. Como compromisso, procure sempre colocá-la em prática em sua vida, buscando crescer cada vez mais na graça de Deus.

8 JESUS VEIO AO MUNDO COM UMA MISSÃO

Quando ouvimos falar de um reino, pensamos em rei, rainha, príncipes e princesas, porque assim é um reino na Terra. Nele, homens ou mulheres são escolhidos ou colocados para governar um país. Esse reino como conhecemos é geralmente cheio de cobiça, inveja, morte, voltado para poucos privilegiados.

Jesus veio anunciar o Reino de Deus.

Mas qual é a diferença do Reino que Jesus veio anunciar?

A proposta de Jesus para o Reino de Deus é de que todos vivam como irmãos e amigos se respeitando, ajudando uns aos outros. Esses ensinamentos sobre o Reino de Deus foram anunciados por Jesus em suas atitudes, palavras e histórias.

CRESCER COM A PALAVRA

- Ouça o texto que seu catequista irá proclamar: Lc 4,16-22.
  - Leia novamente o texto bíblico em silêncio.

O Reino que Jesus veio anunciar é diferente: é um Reino para todos. E esse Reino só acontece quando aceitamos as propostas de Jesus, respeitando e acolhendo todos sem distinção, sem preconceito, especialmente os pobres oprimidos e rejeitados da sociedade.

1. Ouça a história que seu catequista vai contar e depois escreva nos raios do sol o que é o Reino de Deus.

O REINO DE DEUS É...

2. No texto bíblico lido, Jesus diz qual é a sua missão: Ele foi enviado para anunciar o Reino de Deus às pessoas. Leia o texto e circule quem são essas pessoas.

"O ESPÍRITO DO SENHOR ESTÁ SOBRE MIM, PORQUE ELE ME UNGIU PARA ANUNCIAR A BOA-NOVA AOS POBRES; ENVIOU-ME PARA PROCLAMAR AOS APRISIONADOS A LIBERTAÇÃO, AOS CEGOS A RECUPERAÇÃO DA VISTA, PARA PÔR EM LIBERDADE OS OPRIMIDOS, E PARA ANUNCIAR UM ANO DA GRAÇA DO SENHOR" (LC 4,18-19).

CRESCER NA ORAÇÃO

O Reino de Deus, como nos ensinou Jesus, é um Reino de justiça, amor, partilha, fraternidade e esperança. Para que o Reino aconteça no mundo, é preciso acontecer, antes, na vida de cada um de nós. É preciso que Jesus habite em nós e que nos deixemos conduzir por Ele.

Na oração nos aproximamos de Jesus. Vamos pedir a Ele coragem para realizarmos o Reino de Deus aqui e agora, e para colaborarmos com a sua missão junto às pessoas necessitadas de carinho, de esperança e de conforto. Rezemos juntos:

Senhor Jesus, você cumpriu a sua missão de anunciar o projeto de vida que Deus tem para cada um de nós. Quero pedir coragem para aceitar fazer aquilo que Deus espera de mim e colaborar para que o mundo fique melhor a todas as pessoas. Amém!

CRESCER NO COMPROMISSO

Para o Reino de Deus acontecer nós precisamos colaborar. Participe da proposta que seu catequista irá fazer e converse com o grupo sobre as ações que representam, ou não, o Reino de Deus.

★ Escreva uma ação que você pode realizar, junto com sua família, para que aconteça o Reino de Deus aqui na Terra.

_____

★ Em casa, converse com seus familiares sobre a importância de cada pessoa para o Reino de Deus. Mostre a eles a ação que você escreveu e, juntos, decidam como colocá-la em prática. Escreva sobre a decisão que vocês tomaram.

_____

_____

_____

★ Na oração do Pai-nosso pedimos que o Reino de Deus venha até nós. Vamos encerrar nosso encontro rezando o Pai-nosso, e lembre-se de rezá-lo com sua família todos os dias.

ENCONTRO CELEBRATIVO
QUERO SER AMIGO DE JESUS

9

ACOLHIDA

Canto

Em nome do Pai e do Filho e do Espírito Santo.

Catequista: Sejam bem-vindas, crianças. Deus nos criou para o amor. Ele nos deu uma família, nos deu uma comunidade. Na comunidade formamos amizades. Todos nós precisamos de amizades, até Jesus precisou de discípulos e amigos para formar uma comunidade e nos mostrar que precisamos uns dos outros. E nessa comunidade o nosso principal amigo é Jesus, que veio até nós para nos salvar.

PEDIDO DE PERDÃO

Catequista: Catequizandos, vocês aprenderam com seu pai e sua mãe e comigo nesses primeiros encontros de catequese que Jesus veio para nos salvar. Mas nos salvar do quê? Do pecado, dos erros, das nossas maldades com irmãos e amigos. Por isso vamos pedir perdão a Jesus.

Catequizando 1: Perdão, Jesus, pelas vezes que ouvi falar de sua bondade para comigo, mas não dei importância.

Todos: Jesus, perdão.

Catequizando 2: Perdão, Jesus, pelas vezes que não cuidei da natureza e joguei papel no chão, estraguei as flores, destruí uma árvore pequena.

Todos: Jesus, perdão.

Catequizando 3: Perdão, Jesus, pelas vezes que briguei com meus amigos, dizendo palavras impróprias, batendo e machucando as pessoas.

Todos: Jesus, perdão.

PROCLAMAÇÃO DA PALAVRA

Catequista: Jesus Cristo é amigo de todos nós, principalmente das crianças. Ele disse: "Quem se fizer pequeno como esta criança será o maior no Reino dos Céus. E quem receber uma destas crianças em meu nome, é a mim que recebe" (Mt 18,4-5). Eu encontro esse Jesus amigo na Bíblia.

Canto de Aclamação

⬚ Vamos ouvir o Evangelho segundo Mateus 19,13-15.

REFLEXÃO SOBRE A PALAVRA

Catequista: Nesse texto, Jesus quer as crianças ao redor d'Ele, como amigas. Mas quem é esse Jesus? Lembre-se do que você já ouviu em casa e na catequese sobre Ele. Jesus tinha sua missão na Terra: anunciar o Reino de Deus, fazer milagres e ajudar as pessoas. Realizando essa missão, Jesus fez muitos amigos. Hoje Ele também quer fazer amizade conosco, uma amizade sincera na qual nos pede para amar e respeitar todas as pessoas.

Vamos refletir um pouco mais sobre o texto bíblico:

⬚ Leia o texto silenciosamente e marque o versículo que mais lhe chamou atenção.

⬚ Escreva o versículo no papel que o catequista lhe der.

⬚ Leia o versículo em voz alta e leve-o até o painel que seu catequista preparou.

⬚ Releia o texto e preste atenção nas palavras de Jesus, descobrindo nelas os ensinamentos para sua vida que precisam ficar memorizados na mente e no coração.

⬚ Vamos rezar o Pai-nosso.

PEDIDOS A DEUS

Catequista: Jesus, nosso amigo e Filho de Deus, nos diz: "Pedi e Deus lhe dará" (Lc 11,9). Vamos apresentar ao Pai, pelo Filho, os nossos anseios:

Catequizando 1: Senhor, venho humildemente pedir força para não trair a minha amizade com Jesus.

Todos: Meu amigo Jesus, atendei-nos.

Catequizando 2: Senhor, venho pedir para ser perseverante nos ensinamentos de seu Filho Jesus.

Todos: Meu amigo Jesus, atendei-nos.

Catequizando 3: Senhor, com alegria lhe peço ajuda para apreciar e respeitar a nossa casa comum, a Terra, preservando-a e amando-a.

Todos: Meu amigo Jesus, atendei-nos.

Catequizando 4: Senhor, com muito entusiasmo lhe peço sensibilidade para ajudar as pessoas que necessitam.

Todos: Meu amigo Jesus, atendei-nos.

BÊNÇÃO NO SACRÁRIO

Catequista: Meus queridos catequizandos, quando os amigos se amam de verdade, eles querem estar juntos, visitar uns aos outros, conversar. Mas às vezes a distância nos impede de estar juntos, então, para encurtá-la, nós utilizamos alguns meios como telefone e internet. Jesus, sendo nosso principal amigo, também quer estar conosco, por isso Ele arranjou uma maneira de fazê-lo: a hóstia consagrada. A hóstia consagrada é Jesus presente em nós, vindo nos visitar. Ela fica guardada dentro do Sacrário. Vamos ficar de joelhos de frente para o Sacrário, de frente para o nosso amigo Jesus, e rezar juntos:

Ó Jesus, nosso amigo, pelo Batismo passamos a pertencer à sua família. Nessa família tem uma mesa onde todos se juntam ao redor, que é o altar. Você nos convida a estar contigo na santa missa, onde dá sua vida por nós. Na Eucaristia, é o nosso Pão do Céu. Sinto sua presença amiga no Sacrário. Você é o meu maior amigo, ninguém me ama como você.

Canto

Catequista: Cada um recebeu um coração. Neste coração vocês vão escrever uma linda mensagem ao nosso grande amigo Jesus. Depois vamos colocar essa mensagem ao lado do Sacrário. E, para encerrar, vamos rezar:

Jesus, meu grande amigo, acredito que está comigo, acredito no seu amor por mim. Quero conversar com você, quero dizer que o amo, mas não quero amá-lo somente com palavras, quero amá-lo também com boas ações. Jesus, faça com que eu o ame com todo meu coração. Em nome do Pai e do Filho e do Espírito Santo. Amém.

Canto final

BLOCO 3

JESUS TEM MUITO A ENSINAR

10 Palavras que falam ao coração

11 Jesus ensina a acolher

12 Jesus ensina a perdoar

13 Jesus ensina a ter compaixão

14 Jesus ensina a rezar

Celebração: Quando rezarem, façam assim (Entrega da Oração do Senhor)

10 PALAVRAS QUE FALAM AO CORAÇÃO

Jesus tinha um jeito todo especial de tocar o coração das pessoas: Ele ensinava através de histórias que falavam dos acontecimentos do dia a dia e dos costumes do lugar, com palavras e situações que o povo conhecia. Essas histórias são chamadas de parábolas, que Jesus utilizava para ensinar sobre o Reino de Deus e sobre como participar dele, ajudando o povo a entender com facilidade a sua mensagem.

CRESCER COM A PALAVRA

Jesus contou várias parábolas belíssimas que até hoje nos fazem pensar sobre o nosso jeito de ser e agir, e sobre como devemos viver para participar do seu Reino. Para chegar ao nosso coração, além das parábolas, Jesus também explicava as coisas, falava claramente e utilizava sua maneira de agir para dar o exemplo.

A parábola que vamos ler neste encontro nos apresenta um semeador diferente. Quando um agricultor vai semear, ele escolhe uma terra boa, prepara essa terra com adubo e depois lança as sementes. Mas o semeador da parábola semeia em todo tipo de terra.

📖 Acompanhe em sua Bíblia a leitura do Evangelho: Mc 4,1-9.

1. Quando o semeador lançou suas sementes, elas caíram em vários tipos de terra. Jesus compara, na parábola, os tipos de terra com os nossos corações. Pinte os desenhos e, com a ajuda do catequista, escreva o que significa cada terra.

49

2. Procure na Bíblia as oito parábolas a seguir e escreva os nomes delas na cruzadinha:

a. Lc 15,11-32

e. Lc 18,9-14

b. Mt 18,12-14

f. Mt 13,1-9

c. Lc 10,25-37

g. Mt 25,14-30

d. Mc 4,30-32

h. Lc 15,8-10

a. ___ ___ ___ ___ ___ ___ **P** ___ ___ ___ ___ ___
b. ___ ___ ___ ___ ___ **A** ___ ___ ___ ___ ___ ___
c. ___ ___ ___ ___ **R** ___ ___ ___ ___
d. ___ ___ ___ ___ ___ ___ **A/Á**
e. ___ ___ ___ ___ ___ ___ ___ ___ ___ ___ **B** ___ ___ ___ ___ ___
f. ___ ___ ___ ___ ___ **O** ___ ___
g. **L** ___ ___ ___ ___
h. ___ ___ ___ **A** ___ ___ ___ ___ ___ ___

3. Escolha uma dessas parábolas que você pesquisou e faça uma história em quadrinhos para explicar qual é o ensinamento que Jesus transmite através dela.

CRESCER NO COMPROMISSO

Neste encontro você aprendeu que Jesus ensinava de várias maneiras, e uma delas era através de parábolas.

🔖 Como compromisso, você vai contar ou ler na Bíblia a parábola do Semeador para sua família. Para isso, combine um horário para reunir seus familiares. Faça da seguinte maneira:

- 🔖 Motive todos a fazerem uma oração para acolher o que Jesus nos ensina na parábola do Semeador (Mc 4,1-9).

- 🔖 Após a leitura do texto bíblico, ou após você contar a parábola com suas próprias palavras, explique o significado da semente e de cada terra.

- 🔖 Converse com sua família sobre como podemos acolher os ensinamentos de Jesus para viver melhor a cada dia, respeitando e amando uns aos outros.

- 🔖 Depois escreva sobre esse momento e, no próximo encontro, compartilhe com os colegas a experiência.

CRESCER NA ORAÇÃO

Vamos abaixar a cabeça, respirar fundo, fazer um instante de silêncio. Rezemos juntos:

Leitor 1: O semeador saiu para semear. As sementes caíram em terra boa e produziram muitos frutos.

Todos:

Jesus, eu quero que meu coração e minha vida sejam como a terra boa da história que você contou. Quero fazer coisas boas com as sementes, os bons ensinamentos, que recebo da minha família, na catequese, na escola... Ajude-me, Senhor Jesus, a saber escolher entre o bem e o mal, e a fazer aquilo que é bom para mim e para o meu próximo. Amém!

Catequista: Com a alegria de quem recebe a semente da Palavra de Deus, vamos em paz! Em nome do Pai e do Filho e do Espírito Santo.

Todos: Amém!

JESUS ENSINA A ACOLHER 11

Desde a época de Jesus, o mundo enfrenta um problema sério: a discriminação. A discriminação é quando não aceitamos o diferente. Essa diferença pode ser na aparência da pessoa, como a cor da pele ou o modo de se vestir. Não aceitar a diferença pode acontecer, por exemplo, em situações como: quando estamos diante de um morador de rua usando roupas velhas e rasgadas; quando uma pessoa em más condições de saúde anda mais devagar e respira com dificuldade à nossa frente; quando a condição social de uma pessoa é muito diferente da nossa.

Jesus, diante dessa realidade, apresentou um ensinamento importante: todos precisam ser acolhidos sem discriminação, pois a pessoa é o que importa, e não o que ela veste, não a cor de sua pele, não os bens que ela possui ou as condições de sua saúde. Jesus tinha um jeito todo especial de acolher sem discriminar, ensinando a aceitar e valorizar as diferenças entre nós, a priorizar a pessoa e sua dignidade.

CRESCER COM A PALAVRA

Jesus acolhia a todos sem discriminar ninguém, e fazia esse acolhimento em público. Podia ser ladrão, mulher abandonada, doente de qualquer moléstia, Ele sempre tinha uma palavra de carinho a oferecer.

📖 Acompanhe em sua Bíblia a leitura do Evangelho: Mc 10,46-52.

No texto que ouvimos e lemos, Jesus acolhe Bartimeu, que era cego e pediu para ser curado.

1. Quais são os personagens deste texto?

_____

_____

2. Qual versículo mostra a discriminação contra o cego Bartimeu? Reproduza-o:

_____

_____

3. Complete a frase procurando as palavras na Bíblia:

Tomando a palavra, _____ lhe perguntou: "O que queres que te _____?". O _____ respondeu: "_____, eu quero _____ de novo!". E Jesus lhe disse: "Vai, tua _____ te curou!".

CRESCER NA ORAÇÃO

Todos somos cristãos, e ser cristão é acolher as pessoas que estão com dificuldades em primeiro lugar, procurando ajudá-las para diminuir seu sofrimento. Agindo assim, imitamos Jesus!

Assim como Jesus acolhe cada um de nós em seu coração, nós também somos convidados a acolhê-lo em nossos corações. Vamos fazer uma experiência:

✳ Em silêncio, escreva na imagem que recebeu de seu catequista a frase: "Jesus, me ajude a acolher as pessoas sem discriminação, como o Senhor fazia".

* No coração de papel que recebeu de seu catequista, escreva a seguinte frase: "Jesus, eu, _____ (escreva seu nome), quero ter um coração acolhedor semelhante ao vosso, amém!".

* Leia atentamente as duas frases e, siga a orientação de seu catequista.

* Em silêncio, vamos ouvir a música que o catequista irá nos apresentar e pensar sobre como podemos ser sempre acolhedores.

Rezemos juntos:

Senhor, eu que às vezes não percebo o meu próximo que está sofrendo, que está passando fome, que está doente, tem piedade de mim. Me ajude a acolher a todos como o Senhor acolhia: com amor e carinho. Amém!

CRESCER NO COMPROMISSO

Jesus nos ensina que precisamos estar atentos às pessoas e coisas para perceber o que acontece ao nosso redor. Como filhos de Deus, somos capazes de entender que todos somos iguais e devemos ser tratados assim, sem qualquer forma de discriminação ou preconceito.

* Junto com sua família, em casa, escreva uma oração pedindo a Deus um olhar atento, um coração generoso e inteligência para perceber as dificuldades das pessoas e colocar-se disponível para ajudá-las.

55

12 JESUS ENSINA A PERDOAR

CRESCER COM A PALAVRA

📖 Vamos nos preparar para a leitura bíblica rezando:

> *Jesus, meu amigo, iluminai-me para que eu possa compreender melhor a tua Palavra. Jesus, tu és meu guia e meu caminho, transformai meu coração em terra boa, onde a Palavra de Deus produza em mim frutos bons.*

📖 Acompanhe em sua Bíblia a leitura do Evangelho: Lc 7,36-50.

Jesus nos ama, e não quer que o pecado nos afaste de seu amor. Por isso ensina que é preciso saber perdoar quem nos ofende. Isso é essencial para sermos livres do rancor e da mágoa, além de fazermos o bem a nós mesmos e ao próximo, esquecendo o mal. No texto bíblico, Jesus nos ajuda a compreender que no lugar de condenar alguém pelos pecados é preciso perdoá-lo. Ao despedir-se da mulher pedindo para que ela vá em paz, Ele nos convida a uma vida nova, ou seja, a buscar viver sem pecados.

1. Você é convidado a participar com seu grupo da dinâmica que seu catequista irá propor.

2. A partir da experiência da dinâmica, responda:

   a. Você se sentiu incomodado ao realizar as atividades? Por quê?

   b. O que atrapalhou você ao realizar as atividades?

c. Se não estivesse segurando a bolinha, você faria melhor as atividades? Por quê?

_____

_____

_____

3. Olhe a bolinha que você recebeu e imagine que ela é uma ofensa ou mágoa que não foi perdoada. Responda às questões:

a. Uma mágoa ou ofensa atrapalha a vida de quem a carrega?

b. E quando perdoamos (largamos a bolinha), o que acontece conosco?

c. Quando não perdoamos uma pessoa (quando não largamos a bolinha), quem mais sofre? Quem fica mais incomodado? Por quê?

Jesus orienta a perdoar as pessoas que nos fazem mal, e não guardar dentro do coração a ofensa ou mágoa. Não perdoar (segurar a bolinha) vai fazer mal a você mesmo. O perdão nos liberta daquilo que nos deixa tristes. Devemos estar abertos a perdoar para conquistar a alegria e nos libertar do que atrapalha a nossa relação com Deus e com as pessoas.

CRESCER NA ORAÇÃO

Além de perdoarmos as pessoas, nós também precisamos pedir perdão a quem ofendemos e a Deus quando deixamos de fazer o que Ele nos pediu através de Jesus: ajudar as pessoas, obedecer aos nossos pais, acolher a todos. Deus fica muito feliz quando nos arrependemos e dizemos a Ele que não queremos mais ofendê-lo. E fica feliz também quando perdoamos as pessoas que nos fizeram algum mal.

Em silêncio, pense nas vezes que magoou e ofendeu as pessoas, e também nas vezes que por elas foi magoado e ofendido em casa, na escola, na catequese, com palavras agressivas, ofensas e atitudes que entristecem. Coloque uma dessas pessoas em seus pensamentos e, juntos, rezemos por elas e por nós dizendo:

Jesus misericordioso, tu me ensinaste a perdoar. Eu venho até vós pedir pelo meu irmão: que ele seja uma pessoa abençoada, e que meu coração esteja aberto para sua amizade. Jesus, quero também pedir perdão pelas vezes que ofendi e magoei esse meu irmão; me dê forças para não pecar mais contra ele e as outras pessoas. Amém!

CRESCER NO COMPROMISSO

★ Na oração do Pai-nosso, nós rezamos assim: "Perdoai-nos as nossas ofensas, assim como nós perdoamos a quem nos tem ofendido…". O que entendemos dessa parte do Pai-nosso?

★ Como compromisso para a semana, procure alguém que você ofendeu ou magoou – pode ser o pai, o irmão ou irmã, a mãe, o amigo… – para conversar e pedir perdão, comprometendo-se a não fazer mais isso. Anote como foi essa experiência.

13 JESUS ENSINA A TER COMPAIXÃO

Diariamente na TV ou na internet ouvimos, vemos e lemos muitas notícias que nos espantam: pessoas sem casa, sem trabalho, abandonadas, passando fome. Muitos de nós se surpreendem com essas notícias, mas quando é para ajudar dizemos que não temos tempo ou condições de fazer isso.

Jesus, na parábola do Bom Samaritano, nos ensina a ter compaixão. Ter compaixão envolve compreender a situação sofrida de outra pessoa, mas não se limitar a isso. É principalmente ter o desejo de aliviar o sofrimento dela. Ter compaixão é ser o próximo da pessoa que sofre.

CRESCER COM A PALAVRA

Mas Jesus nos ensina a ter compaixão por quem? E para quê? Ele nos mostra que ter compaixão não é esperar que alguém peça ajuda, mas ir ao encontro das pessoas que necessitam dela. Jesus também nos ensina que não basta dizer que ama o próximo, é preciso demonstrar esse amor com atitudes concretas de solidariedade, tendo para com o próximo a mesma compaixão que Deus tem por todos nós.

📖 Ouça a história do Evangelho que seu catequista vai contar: Lc 10,25-37.

1. Na parábola, Jesus nos mostra como ser o próximo de alguém através de atitudes corretas a um cristão. Para saber quais são essas atitudes, escreva cada letra no seu espaço correspondente ao seu número.

1	2	3	4	5	6	7	8	9	10	11	12	13	14	15	16	17
A	C	D	E	I	J	M	N	O	P	Q	R	S	T	U	Ç	Ã

1 6 15 3 1 12   1   11 15 4 7   10 12 4 2 5 13 1

2 15 5 3 1 12

3 1 12   1 14 4 8 16 17 9

10 12 4 13 14 1 12   13 9 2 9 12 12 9

2. Realizando essas atitudes cristãs que você descobriu, estará cumprindo o principal mandamento de Deus. Qual é esse mandamento? Escreva.

_____

_____

_____

_____

CRESCER NA ORAÇÃO

Jesus nos inspira a realizar gestos concretos para sermos o próximo de quem está sofrendo. Complete a oração pedindo aquilo que precisa para assumir ser o próximo de alguém que sofre.

Senhor Jesus, quero pedir que me ajude a...

_____

_____

_____

CRESCER NO COMPROMISSO

Leia a história:

O catequista Célio estava indo para casa, já eram 22 horas. Ele estava numa reunião do Conselho Paroquial de Ação Evangelizadora (CPAE) da paróquia. Célio morava num sítio, no município de União da Vitória, afastado da cidade. Chegando perto da ponte antes de sua casa, ele viu, com a luz do carro iluminando o lugar, uma pessoa caída no chão, próximo a uma bicicleta. Era uma noite fria. Ele pensou em parar o carro e ver o que aconteceu, mas ficou com medo de sofrer um assalto e resolveu seguir adiante. Chegando em casa, contou o acontecido à esposa e estava muito incomodado com a situação: "E se a pessoa sofreu um acidente e estava precisando de ajuda? E se eu sou o próximo dessa pessoa?". A esposa deu a ideia de ligar para a polícia. Célio fez isso, e os policiais disseram que logo uma viatura chegaria ao local. Para se certificar de que a pessoa realmente teria ajuda, Célio dirigiu até a ponte novamente e ficou esperando, a uma certa distância segura, a viatura vir. Não demorou muito e a viatura chegou. Realmente era um acidente, foi necessário chamar os bombeiros e levar a pessoa ferida para o hospital. Célio soube que a pessoa se recuperou do acidente.

Ter compaixão, como Jesus nos ensinou, é ajudar o próximo, é fazê-lo feliz, é preocupar-se com a felicidade dele, é ajudá-lo no que necessita, é ir ao encontro dele.

✳ De quem eu devo ser o próximo?

_____

_____

_____

_____

_____

A compaixão implica atitudes. O Doutor da Lei disse a Jesus que, para conseguir a vida eterna, era preciso "Amar o Senhor teu Deus de todo o coração, com toda a alma, com todas as forças e com toda a mente, e ao próximo como a ti mesmo" (Lc 10,27). Jesus vai além, porém, e diz ao Doutor que é preciso também ter atitudes concretas em relação ao próximo.

✳ Escolha uma das respostas à questão anterior e converse com sua família sobre o que vocês podem fazer por alguém de quem são os próximos. Realizem uma ação por essa pessoa.

✳ Escreva como foi a sensação de colocar essa ação em prática.

_____

_____

_____

_____

_____

_____

_____

14 — JESUS ENSINA A REZAR

Rezar não é apenas falar algumas palavras, é entender o que estamos falando. Isso porque estamos nos dirigindo a Deus, um grande amigo que nos conhece bem e quer o melhor para nós. A oração nos faz muito bem, nos deixa alegres, nos deixa em paz, nos alivia nas aflições. Jesus ensinou os apóstolos a rezarem e, de lá para cá, várias outras pessoas foram nos explicando sobre como Jesus nos ensina a rezar.

CRESCER COM A PALAVRA

"Portanto, é assim que haveis de rezar: Pai nosso, que estais nos céus..." (cf. Mt 6,9; Lc 11,2). Era dessa forma que Jesus, com confiança, com alegria, sem muitas palavras e sem chamar atenção, dirigia-se a Deus. As pessoas aprendiam com Ele esse jeito diferente e carinhoso de conversar com Deus, chamando-o de "Pai nosso", ou seja, de todos nós.

📖 Acompanhe em sua Bíblia a leitura: Mt 6,9-13.

1. Complete, com a ajuda do texto bíblico, a qual parte da oração que Jesus nos ensina está relacionada cada frase.

a. Nós somos filhos, Deus é nosso Pai celeste; somos todos irmãos, o mundo é uma grande família:

b. O Reino de Deus é um Reino de paz, amor e felicidade. Quando pedimos o Reino, estamos pedindo que venha a paz, o amor e a felicidade da presença de Deus:

c. Deus é Pai e, como Pai, a vontade d'Ele é o melhor para nós. Ele quer nossa felicidade e, como bons filhos que somos, fazemos a sua vontade:

d. Pedimos a Deus que não falte alimento em nossas mesas e nas mesas das demais pessoas. O pão nos dá força para levar o Reino de Deus a todas as pessoas:

e. Reconhecemos que somos pecadores e precisamos do perdão de Deus, mas seremos perdoados à medida que perdoarmos as pessoas que nos ofendem:

f. Pedimos a Deus para nos livrar de toda tentação que nos leve ao pecado, que possa fazer mal ao meu próximo, que nos leve a nos afastar Dele:

g. Deus é um Pai que nos defende de todo o mal. Pedimos a Deus ajuda para lutar contra o mal e confiar em sua proteção:

2. Jesus rezava em vários momentos e de várias maneiras. Leia em sua Bíblia as citações indicadas e procure no caça-palavras os momentos, sentimentos e tipos de orações de Jesus.

Lc 6,12:

Mc 1,35:

Lc 10,21:

Lc 22,41:

Jo 17,1-5:

Lc 11,5-8:

Lc 11,11-13:

```
D R T R Q W F G B N K L N O P Ç V B J K P
X C O M P E R S E V E R A N Ç A B X Q W S
W Q F G H J K L V B M N T C E G S W R T Y
X Z D F G J M A N H Ã Z R K L P N V M F C
A Q E R V G H J K L Y U I R V B S A R W V
P E D I N D O X Z F G B S V B W D K L J B
Z D F Q W R T H J K L Ç T N V C V N M B R
C X S F Z N O I T E F G E T R W V G H T Y
Z C H J K Q E R T Y M N Z P L Ç M B N K L
S F G H I J B N D F V H A W Q T C F G E R
C O M C O N F I A N Ç A N D F V S Y D B V
G B N F D J R K H J R D R S W M C B H K I
M Q W T Y U P C V B M C Z S F G M A W Q K
B S L Ç N A S A L E G R I A S K C F T W Q
C D C V B Y W Q G U S A Q W Y L K Ç I F G
```

CRESCER NO COMPROMISSO

Além dessa belíssima oração do Pai-nosso, aprendemos várias orações durante a nossa vida. A oração sempre nos faz bem.

✴ Convide as pessoas da sua família para rezarem juntas antes das refeições, antes de dormir ou em outros momentos.

✴ Reze todos os dias o Pai-nosso junto com sua família.

CRESCER NA ORAÇÃO

Jesus rezava, e muito. Ele ficava noites inteiras em oração, a sós com Deus. Os discípulos ficavam impressionados vendo Jesus rezando, por isso certa vez pediram para que também os ensinasse a rezar.

Nós igualmente aprendemos a rezar com nossa família, nossos catequistas e, também, com Jesus.

✴ Participe com seu grupo da dinâmica Amigo Secreto da Oração. Para isso, siga as orientações de seu catequista.

✴ Para encerrar esse encontro, como irmãos do mesmo Pai que está no Céu, rezemos juntos:

Senhor Jesus, você nos ensinou que, quando rezamos, ficamos mais perto de Deus, nosso Pai. Nem sempre eu rezo, porque deixo que outras coisas sejam mais importantes. Peço perdão, Jesus, por não seguir seu exemplo. E peço, também, sua ajuda para me aproximar sempre mais de nosso Pai do Céu pela oração. Amém!

QUANDO REZAREM, FAÇAM ASSIM
(ENTREGA DA ORAÇÃO DO SENHOR)

CELEBRAÇÃO

ACOLHIDA

Catequista: Queridos catequizandos, queridas catequizandas, querida comunidade, nesta celebração queremos agradecer a Jesus que nos ensinou que Deus é Pai; um Pai que ama cada um de seus filhos com amor de predileção. Enquanto cantamos, acompanhemos a procissão de entrada.

SAUDAÇÃO

ENTREGA DA ORAÇÃO DO PAI-NOSSO

Catequista: O Pai-nosso é a "Oração do Senhor". Isso significa que a prece que dirigimos ao Pai nos foi ensinada pelo Senhor Jesus.

Catequizando: Um dia, os amigos de Jesus pediram que Ele os ensinasse a rezar. E Jesus ensinou uma oração para rezarem quando quisessem falar com Deus. Essa oração continua a ser até hoje a oração dos cristãos. Com a oração do Pai-nosso, Jesus nos ensina que somos irmãos, porque nosso Pai é um só.

Presidente da celebração: Os primeiros seguidores de Jesus aprenderam de cor essa oração, isto é, de coração, com as palavras brotando do coração de filhos que amam e se sabem muito amados. Vocês, queridos catequizandos, já conhecem esta Oração do Senhor, mas irão recebê-la com este gesto de entrega da Igreja. Com essa entrega queremos marcar no coração de cada um as palavras ensinadas por Jesus, para que sempre se lembrem de que todos nós somos filhos do mesmo Pai!

Catequizando: Receber esta oração mostra que aceitamos viver como filhos de Deus e irmãos uns dos outros.

Presidente da celebração: Vocês querem receber o Pai-nosso, a oração que Jesus nos ensinou?

Catequizandos: Sim, queremos.

Presidente da celebração: Vocês querem guardar essa oração no coração, como quem guarda um tesouro muito valioso, e procurar viver essas palavras com alegria e entusiasmo?

Catequizandos: Sim, queremos.

Presidente da celebração: Queridos catequizandos, recebam a Oração do Senhor e procurem rezá-la sempre, como sinal do amor de vocês ao Pai do Céu.

Catequizandos: Amém!

Presidente da celebração: (Nome do/a catequizando/a), receba o Pai-nosso que Jesus nos ensinou! Reze todos os dias esta oração, demonstrando seu amor a Deus Pai.

Catequizandos: Amém!

Presidente da celebração: Oremos. Senhor Deus, nosso Pai, concede a estes catequizandos e catequizandas a graça de conservarem no coração os ensinamentos e as palavras de teu Filho Jesus, para que, unidos a Ele, vivam sempre como teus filhos adotivos. Por Nosso Senhor Jesus Cristo, teu Filho, na unidade do Espírito Santo.

Todos: Amém!

BLOCO 4

JESUS, DOAÇÃO E SERVIÇO

15 Sinais de vida nova

16 Jesus ensina a servir

17 A cruz é sinal de amor

18 Permanecei no meu amor

19 Sou chamado a formar comunidade no amor

20 Encontro celebrativo: Jesus ensina a amar

15 SINAIS DE VIDA NOVA

Sinal é um gesto que indica algo. Jesus usou de muitos sinais para anunciar o Reino de Deus. Entre os sinais mais utilizados por Ele estão os milagres, considerados acontecimentos praticamente impossíveis para nós, mas sempre possíveis de se realizar para Deus.

No dia a dia recebemos vários sinais de Deus, mostrando-nos sua presença em nossas vidas. Para reconhecermos esses sinais é preciso fé, crer em Deus e nas ações de Jesus. Os milagres de Jesus são sinais da presença de Deus na vida do povo e nas nossas vidas, e são também convites para aprofundarmos a nossa fé buscando conhecer mais a Palavra de Deus e seguir Jesus Cristo, colocando em prática seus ensinamentos.

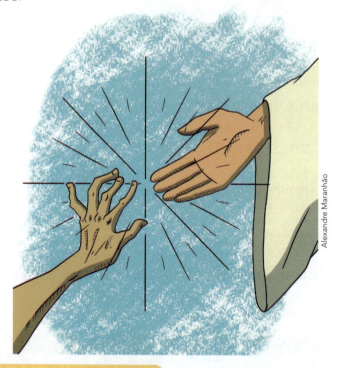

Alexandre Maranhão

CRESCER COM A PALAVRA

Os milagres são sinais de Deus agindo em favor de seu povo. Jesus realizava os sinais para a glória de Deus ser manifestada, mostrando que seu amor nos faz dignos de seus milagres.

No tempo de Jesus não se podia fazer nada no sábado, nem mesmo realizar milagres. Jesus veio anunciar um novo ensinamento: fazer o bem ao próximo deve acontecer em qualquer hora e em qualquer dia. Ele faz a comparação de uma pessoa doente, que precisa de ajuda, com uma ovelha caída em um buraco: se salvamos uma ovelha, não interessando se é sábado ou outro dia, como deixar de ajudar uma pessoa? Jesus tem dois objetivos ao fazer os milagres: manifestar a glória de Deus e trazer vida nova aos que estão sofrendo.

- No Evangelho de Mateus lemos que Jesus realiza um sinal: cura a mão paralisada de uma pessoa. Acompanhe em sua Bíblia como isso aconteceu, lendo o texto: Mt 12,9-13.

A Bíblia relata vários milagres realizados por Jesus. Podemos classificar esses milagres em três tipos: de cura, de poder sobre a natureza e da ressurreição. Vamos conhecer alguns?

1. Para conhecer os milagres de Jesus narrados na Bíblia, siga as orientações:

   » Você vai receber uma tarja de papel com uma citação bíblica. Procure na Bíblia a citação indicada.

   » Na folha de papel que seu catequista lhe entregar, organize as informações em forma de notícia de jornal ou revista, contendo:

   - O título e o tipo do milagre realizado.
   - Resumo do milagre, explicando como ocorreu.

   » No mural que seu catequista preparou, cole a sua notícia em volta da imagem de Jesus.

   » Converse com seu catequista e grupo sobre cada notícia produzida.

Milagres não se limitam à cura de uma pessoa. Participar de um novo amanhecer, admirar um anoitecer, contemplar a beleza da natureza, estar na companhia de alguém que nos ama... são milagres diários em nossas vidas. O milagre está em pequenas coisas que acontecem com a gente, especialmente quando ajudamos ou somos ajudados por alguém. Tudo isso é um sinal de Deus em nossas vidas.

2. Você já recebeu algum milagre de Deus? Qual?

3. Você já foi milagre na vida de alguém?

CRESCER NA ORAÇÃO

Deus realiza muitos milagres em nossas vidas, basta observar o que temos: nossa família, o ar que respiramos, nossos amigos. Devemos sempre agradecer os milagres que recebemos e estar atentos aos sinais de Deus para nós.

* Vamos rezar o Salmo 138, agradecendo a Deus os milagres que acontecem no nosso dia a dia.

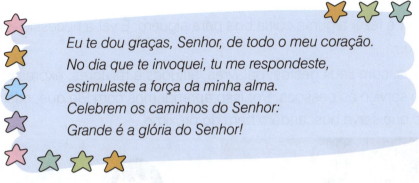

*Eu te dou graças, Senhor, de todo o meu coração.
No dia que te invoquei, tu me respondeste,
estimulaste a força da minha alma.
Celebrem os caminhos do Senhor:
Grande é a glória do Senhor!*

CRESCER NO COMPROMISSO

Nós, cristãos, devemos ser sinais do Reino de Deus entre as pessoas. Cada gesto de generosidade, cada ajuda a quem precisa, é um sinal de que Deus está no nosso coração, e é um milagre para a pessoa que o recebe.

* O compromisso desta semana será realizar um gesto de bondade para alguém de sua convivência – pode ser de sua família, um vizinho, um amigo. Sua missão é mostrar a essa pessoa que Deus é bom e o quanto Ele a ama. Depois escreva o que você sentiu ao fazer esse gesto.

16 — JESUS ENSINA A SERVIR

Servir é fazer alguma coisa boa para alguém. É ver a necessidade do próximo.

Jesus, com seus gestos, palavras, atitudes e milagres, expressa seu amor e serviço às pessoas. Por isso aprendemos com Ele que, cristão é aquele que serve buscando o bem do próximo.

CRESCER COM A PALAVRA

Jesus, através de uma refeição ao redor de uma mesa, partilhou alegrias, angústias e emoções com seus discípulos. Ele fez vários gestos para demonstrar a sua humildade e nos dizer que devemos sempre servir ao nosso próximo.

📖 Para saber os detalhes do que aconteceu quando Jesus fez a Última Ceia com seus discípulos, acompanhe em sua Bíblia a leitura: Jo 13,1-15.

1. Pinte a cena da Santa Ceia e complete as frases usando as palavras que estão escritas na toalha da mesa. Identifique então os gestos realizados por Jesus. Cada palavra deve ser usada uma única vez.

GENEROSOS   MANTO   DISCRIMINAÇÃO   TOALHA
COMPAIXÃO   DISCÍPULOS   NECESSITADOS   ALEGRIA   PACIÊNCIA
BEM
PÉS   HUMILDES   DISPONÍVEL   PRÓXIMO

a. Jesus se levantou e tirou o _____. Com esse gesto ele nos diz que é preciso estar _____ para fazer o _____ ao _____.

b. Amarrou uma _____ na cintura para nos dizer que devemos servir aos mais _____ e sermos _____.

c. Lavou os _____ dos discípulos mostrando que devemos ser _____, acolhendo todos com _____, sem _____ e com _____.

d. Enxugou os pés dos _____ para nos dizer que devemos ter _____ com os que sofrem.

2. Converse com seu catequista e grupo sobre os gestos realizados na Última Ceia:

a. São gestos que podemos realizar? Quais? De que maneira?

b. O que é servir a alguém?

c. Você já lavou os pés de alguém ou fez outra ação que possa considerar um serviço ao próximo, como Jesus ensinou? Comente.

CRESCER NA ORAÇÃO

É preciso ser muito humilde e amoroso para lavar os pés de alguém! Jesus, Filho de Deus, nosso Senhor, demonstrou isso ao lavar os pés dos discípulos.

✶ Participe da encenação do texto bíblico seguindo as orientações do catequista. Depois, rezem juntos:

Jesus, divino Mestre, eu te louvo e agradeço o dom de servir ao próximo. Teu amor por nós nos leva a servir ao próximo como Tu fizeste. Não deixes que eu desanime no serviço ao teu Reino. Concede-me a graça de conhecer-te sempre mais, de encontrar-me contigo na oração e na missa. Ó Jesus, Mestre, Verdade, Caminho e Vida, abençoai-nos. Amém!

CRESCER NO COMPROMISSO

Jesus, com o gesto de lavar os pés dos discípulos, nos deixou uma linda lição de doação e serviço. O que Ele nos disse?

✶ Para responder à pergunta organize, as palavras e escreva a frase.

_____ . "Se eu fiz, façam vocês também..." (cf. Jo 1-15), disse Jesus.

❓ Vamos ser sinal de serviço a outra pessoa?

✶ Um compromisso individual: Veja se você tem sapatos, brinquedos, roupas ou livros em boas condições para doar a quem precisa. Selecione os itens para doar e organize-os de um modo bonito, para que os beneficiados de sua doação sintam o seu carinho e preocupação por eles.

✶ Um compromisso para fazer em grupo: Que tal o nosso grupo assumir juntos um compromisso? Ouça a proposta de seu catequista e combinem como fazer.

✶ Escreva ou desenhe o que você sentiu fazendo essas boas ações.

17   A CRUZ É SINAL DE AMOR

A cruz é sinal de salvação e símbolo do amor de Jesus Cristo pela humanidade. Na cruz, Ele revela que perdoa a todos pelos pecados cometidos e os convida, a partir daí, a assumirem uma vida nova, mudando as atitudes em relação a si mesmos, ao próximo e a Deus.

CRESCER COM A PALAVRA

No tempo de Jesus, a cruz significava um castigo vergonhoso e humilhante. Era utilizada para punir os que cometiam crimes. E Jesus foi pregado na cruz.

Por que fizeram isso com Jesus?

Porque Ele praticou atos de amor e bondade que ameaçavam o poder das autoridades que exploravam o povo. E Jesus veio justamente combater toda essa maldade que castigava e humilhava as pessoas da sua época. Isso fez com que o pregassem na cruz.

📖 Vamos ler o que a Bíblia narra de alguns momentos de Jesus na cruz: Mc 15,33-39.

1. Com a ajuda da sua Bíblia, encontre no caça-palavras as respostas às perguntas.

a. A que horas começou a escuridão enquanto Jesus estava na cruz?

b. Alguns pensavam que Jesus estava chamando alguém. Quem?

c. O que deram de beber a Jesus?

d. O que aconteceu a Jesus depois de dar um forte grito?

e. O que aconteceu com o véu do santuário?

f. Onde Jesus estava quando morreu?

```
          A  Y  I
          R  G  C
          J  H  R
R  A  S  G  O  U  -  S  E
   C  V  B  N  M  Z  W  T  P
   M  E  I  O  -  D  I  A  J
          V  E  Ç
          I  L  M
          N  I  O
          A  A  R
          G  S  R
          R  -  E
          E  K  U
```

2. Organize as palavras para saber o que disse o oficial romano quando Jesus morreu:

DEUS. VERDADEIRAMENTE, FILHO HOMEM ESTE ERA DE

CRESCER NO COMPROMISSO

A vida cristã é vida de seguimento a Jesus. Se Ele doou sua vida, nós também podemos doar as nossas por amor aos irmãos. Podemos fazer isso ajudando as pessoas que mais necessitam.

a. Converse com seu grupo e escreva o que aprenderam com a atitude de Jesus.

_____

_____

_____

_____

_____

_____

_____

b. Em sua casa, responda às perguntas:

- Em que momentos tenho sido sinal de amor de Jesus?

_____

_____

_____

_____

_____

_____

- E em que momentos tenho sido sinal de dor?

_____

_____

_____

_____

_____

_____

✶ Combine com sua família como ajudar uma pessoa que se encontra em dificuldade, abandonada pela sociedade, sendo, assim, sinal de amor para ela. Anote como pretendem fazer isso.

CRESCER NA ORAÇÃO

Jesus sempre demonstrou seu amor por nós através de atitudes concretas, e a cruz foi a sua maior prova de amor.

A cruz para os cristãos é sinal de dor, porque acontecem coisas ruins a nós e à humanidade, e é também sinal de amor, porque muitas pessoas se doam para ajudar outras que sofrem.

✶ Em silêncio, pegue uma das imagens que seu catequista colocou no pano, no centro da sala. Depois, olhe a cena que está retratada na imagem e responda:

a. Esta imagem é sinal de dor ou amor? Por quê?

b. Qual é a relação desta imagem com a cruz?

c. Olhando a nossa realidade, o que mais tem hoje no mundo: sinal de dor ou de amor?

★ Pegue a imagem que você escolheu e fixe no painel que seu catequista preparou: do lado direito da cruz devemos fixar as imagens que são sinais de dor e do lado esquerdo, as que são sinais de amor.

★ De mãos dadas, rezemos juntos agradecendo a Jesus por nos ter dado a cruz, que é sinal de dor e amor em nossas vidas.

Senhor Jesus, você se ofereceu para morrer por causa do seu amor por mim e por todas as pessoas. Eu entendi que sua morte é a maior prova de amor que você me deu. Obrigado, Jesus! Ajude-me a ser capaz de viver oferecendo minha vida a meus irmãos. Amém!

PERMANECEI NO MEU AMOR 18

Permanecer é insistir, é persistir, é perseverar. Quando Jesus nos pede para permanecermos n'Ele, está pedindo para sermos perseverantes, para insistirmos no seu amor. Essa permanência em Jesus, que é amor, implica amar verdadeiramente as pessoas, não importando se são boas ou más, amigas ou inimigas, religiosas ou não religiosas. Se Jesus amou até os que o condenaram à morte de cruz, nós também podemos aprender com Ele a amar todas as pessoas.

 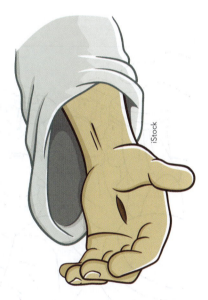

CRESCER COM A PALAVRA

Jesus nos diz que o amor a Deus e o amor ao próximo são inseparáveis, e ensina que para permanecermos com Ele e sermos seus amigos devemos amar o próximo como Ele nos amou. Jesus diz que se amarmos o outro, também amaremos Ele (cf. Mt 22,37-40; Jo 15,9-17).

📖 Vamos ler o texto: Jo 15,9-17.

Jesus nos fala sobre o amor, a amizade e o seu principal mandamento: "Amai-vos uns aos outros como eu vos amei". Se fizermos o que Ele nos pede, a alegria d'Ele estará em nós e será uma alegria completa (cf. Jo 15,11-12).

Jesus fala sobre amar. Ele ensina que através do amor nos unimos a Deus e aos irmãos. Mas o que é amar para Jesus? Faça as atividades para encontrar a resposta.

1. No texto bíblico, Jesus diz como devemos permanecer no seu amor. Escreva no balão a frase em que Ele nos diz como fazer isso. Depois pinte o desenho.

2. Jesus nos ensinou em várias passagens bíblicas que devemos amar ao próximo. Leia os textos a seguir e escreva as atitudes de amor ao próximo que nos ajudam a permanecer no amor de Jesus.

a. Mt 5,43-44

b. Lc 10,27-28

c. Jo 13,34-35

d. Mt 25,35-40

3. Escreva nos corações palavras que explicam melhor o que Jesus diz sobre amar.

CRESCER NO COMPROMISSO

★ O texto do Evangelho ensina sobre como amar as pessoas. Você sabe o que é amar as pessoas segundo o que o Evangelho descreve? Converse com seu catequista e escreva a resposta:

★ Agora que você sabe que tipo de amor Jesus nos ensinou a viver, pense em como colocá-lo em prática. Converse com seu catequista e colegas e escreva a sua resposta.

✶ Escolha uma das ações descritas na atividade anterior e a pratique durante a semana. Escreva como foi realizar essa prática.

CRESCER NA ORAÇÃO

Sem amor, ninguém é feliz, o mundo fica sem graça e triste.

Faça um momento de silêncio e pense em alguém que está sofrendo e precisa do seu amor. Cada um irá dizer em voz alta o nome da pessoa em quem pensou, e a cada nome citado todos diremos juntos:

Todos: Jesus, nos ajude a permanecer no seu amor.

✶ Cante com seu grupo a canção que o catequista trouxe e depois rezem juntos:

Senhor, venho pedir força para ser sempre solidário para com os nossos irmãos mais carentes. Fazei com que eu procure mais consolar que ser consolado, mais amar que ser amado, mais doar que receber. E que eu leve alegria, esperança e luz a todos que necessitam de ajuda. Pois eu sei que dessa forma estarei cumprindo o seu principal mandamento: "Amai uns aos outros como eu vos tenho amado" (cf. Jo 15,12). Amém!

SOU CHAMADO A FORMAR COMUNIDADE NO AMOR

19

Jesus nos ensinou a viver em comunidade, e seu ensinamento vai além de vivermos todos juntos num aglomerado de casas. Ele nos diz que viver em comunidade é ser igual nos direitos, é ter alimento, saúde e trabalho dignos para todos. Ele ainda nos diz que viver em comunidade é ser unido e fraterno, é um ajudar o outro. Com esse ensinamento, Ele nos chama para formarmos comunidade no amor.

Alexandre Maranhão

CRESCER COM A PALAVRA

* Vamos nos preparar para acolher o que o Senhor quer nos ensinar neste encontro, invocando o Espírito Santo. Rezemos:

Ó Luz de Cristo, venha iluminar minha mente para melhor compreender sua Palavra, meus olhos para ver as maravilhas de sua Palavra, meus ouvidos para ouvir sua Palavra, minha boca para anunciar sua Palavra e meu coração para senti-lo próximo a mim. Amém!

📕 Vamos ler o que a Bíblia nos diz sobre o que é e como se forma uma comunidade, no texto: Rm 12,4-8.

Todos nós somos membros do Corpo de Cristo. Para um corpo ser bem articulado é necessário todos os membros estarem unidos; se um membro estiver doente, todo o corpo adoece. Na comunidade de Cristo em que vivemos cada um recebeu um dom, para ser compartilhado com todos. Há membros da comunidade que tocam bem um instrumento musical, outros que falam bem, outros ainda têm facilidade para acolher as pessoas e fazer caridade, enfim, todos nós recebemos dons de Deus. Por outro lado, há pessoas na comunidade que escondem seus dons porque sentem medo de se expor, ou até acham que a comunidade não precisa deles.

Sei identificar o dom que recebi de Deus?

1. Utilize a sua Bíblia para responder às perguntas:
   a. Na sua carta aos romanos, Paulo fala sobre um corpo. Sobre o corpo de quem ele está falando?

b. Ele também fala de membros desse corpo. Quem são esses membros?

_____

c. O que nós temos de diferente de outros membros?

_____

d. O que é dom?

_____

_____

2. Complete a frase:

✳ Ao fazer parte do Corpo de Cristo, estou fazendo parte da comunidade no _____ .

Para sermos membros da comunidade de Cristo, devemos amar o próximo.

CRESCER NA ORAÇÃO

Vamos rezar pela nossa comunidade. No centro da sala há várias frases, preparadas pelo seu catequista, sobre como devemos viver em comunidade.

✳ Escolha uma dessas frases e leia para seu grupo. Após a leitura de cada frase, vamos responder juntos:

Todos: Senhor, quero fazer parte da sua comunidade no amor.

✳ Cole sua frase no painel que seu catequista preparou. Depois contemplem o painel e conversem sobre o que aprendemos com ele.

CRESCER NO COMPROMISSO

✳ Com o seu grupo, leia a história.

A comunidade de São Gabriel Arcanjo está em festa: vai receber a visita do novo Bispo. O coordenador da comunidade reuniu todos na igreja para organizar essa visita. Cada um ficou com uma tarefa, de acordo com o dom que tinha: os catequistas organizariam a missa com o grupo da liturgia; a equipe de coordenação organizaria o almoço e providenciaria um presentinho para o Bispo; os catequizandos fariam cartazes de boas-vindas ao Bispo. No dia da visita, a primeira atividade foi uma missa presidida pelo Bispo; uns doaram seu dom para a leitura dos textos bíblicos, outros ajudaram no canto, outros ainda ajudaram no altar.

Depois da missa, o Bispo se reuniu com todos e falou sobre cada um doar seu dom em prol do bem da comunidade. Houve então um almoço de confraternização e cada um que participou trouxe um prato de alimento para partilhar. Alguns também enfeitaram o salão, outros cuidaram da limpeza, outros serviram o almoço... Com essa solidariedade entre a comunidade, todos se divertiram e ainda puderam levar algum alimento que sobrou para casa.

★ Quais atitudes aparecem na história que podemos relacionar com o texto bíblico? Escreva essas atitudes ao lado das ilustrações.

Jesus nos convida a viver em comunidade, onde todos pensam no bem de todos, sendo justos e amigos de Deus Pai.

✳ Quem você conhece que se destaca por usar os seus dons para anunciar o Reino de Deus e contribuir na sua comunidade? Escreva o nome dessas pessoas e o que fazem.

_____

_____

_____

_____

_____

_____

Paulo diz aos romanos que devemos dedicar nossos dons em favor da nossa comunidade. Assim viveremos bem uns com os outros e de acordo com o amor de Cristo. Juntos, vamos fazer uma experiência de partilha.

✳ Em casa, com sua família, converse sobre os dons de cada um. Depois escolham uma atividade para colaborarem em sua comunidade, em benefício de todos. Anote ou desenhe o que pretendem fazer.

ENCONTRO CELEBRATIVO
20 JESUS ENSINA A AMAR

ACOLHIDA

Catequista: Jesus nos ensina a amar e quer que o sigamos. Para segui--lo, precisamos viver no amor. Ele nos diz que não basta somente amar os amigos e familiares, é preciso também amar a todos, inclusive nossos inimigos. Só o amor a Deus e aos irmãos nos levará ao verdadeiro encontro com Jesus Cristo.

PEDIDO DE PERDÃO

Catequista: Jesus nos ensinou a servir, nos mostrou que a cruz é sinal de amor, pediu para permanecermos no seu amor, nos chamou a formar comunidade no amor. Para isso Ele nos deu um novo mandamento: "Assim como eu vos amei, amai-vos uns aos outros" (Jo 13,34). Pensando nisso, é o momento de pedirmos perdão pelas vezes que deixamos de amar os irmãos.

Cada um vai escrever em um papel um erro que cometeu e ofendeu o irmão e a Deus. Depois vai pegar esse papel e colocar na urna para ser queimado, dizendo: *Senhor, peço perdão pelas vezes que ofendi o irmão e a Deus*.

PROCLAMAÇÃO DA PALAVRA

Catequista: Jesus nos diz: "Todos saberão que sois meus discípulos, se vos amardes uns aos outros" (Jo 13,35). Vamos ouvir com atenção a Palavra de Deus.

Canto de Aclamação

Catequista: Vamos ouvir o Evangelho segundo João 13,31-35.

REFLEXÃO SOBRE A PALAVRA

Catequista: Jesus nos deixou vários ensinamentos: como perdoar, como servir, como ajudar o próximo... Neste texto que acabamos de refletir, Ele nos ensina a amar. Não somente nos ensina, Ele nos mostra o caminho para amar e ir ao seu encontro. Esse caminho é o novo mandamento: "Assim como eu vou amei, amai-vos também uns aos outros" (Jo 13,34). Ele está nos dizendo que ser cristão é amar como Ele amou: sem preconceito, sem ambição, sem recompensa. Juntos, vamos repetir esse versículo:

Todos: "Assim como eu vou amei, amai-vos também uns aos outros".

Catequista: Vamos reler cada um em sua Bíblia, em silêncio, o texto que foi proclamado. Pense após a leitura como buscará viver o novo mandamento de Jesus.

PEDIDOS A DEUS

Catequista: Vamos fazer nossos pedidos a Deus com fé, esperança e amor para que Ele nos ajude a viver o novo mandamento que Jesus nos deu.

Catequizando: Para que o Senhor nos ensine a viver o mandamento do amor na nossa vida familiar, comunitária e social, rezemos:

Todos: Senhor, ensinai-nos a amar de verdade.

Catequizando: Para que não nos desanimemos a viver o seu amor, Senhor, mesmo vendo que a nossa sociedade está cada vez mais egoísta, rezemos:

Todos: Senhor, ensinai-nos a amar de verdade.

Catequizando: Para que eu ame meus irmãos assim como Jesus me ama, rezemos:

Todos: Senhor, ensinai-nos a amar de verdade.

Catequizando: Para que eu olhe meus irmãos com o olhar amoroso de Jesus Cristo, rezemos:

Todos: Senhor, ensinai-nos a amar de verdade.

Catequizando: Para que a sua Palavra, Senhor, me anime a ter mais fé e realizar o verdadeiro encontro com Cristo Ressuscitado, rezemos:

Todos: Senhor, ensinai-nos a amar de verdade.

BÊNÇÃO

Catequista: Que Deus nos abençoe e nos guarde.

Todos: Amém!

Catequista: Que Ele nos mostre sua face e se compadeça de nós.

Todos: Amém!

Catequista: Que volte para nós seu olhar e nos dê a paz.

Todos: Amém!

Catequista: Abençoe-nos, Deus misericordioso, em nome do Pai e do Filho e do Espírito Santo.

Todos: Amém!

Canto

Conecte-se conosco:

f facebook.com/editoravozes

◉ @editoravozes

𝕏 @editora_vozes

▶ youtube.com/editoravozes

◎ +55 24 2233-9033

www.vozes.com.br

Conheça nossas lojas:
www.livrariavozes.com.br

Belo Horizonte – Brasília – Campinas – Cuiabá – Curitiba
Fortaleza – Juiz de Fora – Petrópolis – Recife – São Paulo

  Vozes de Bolso

EDITORA VOZES LTDA.
Rua Frei Luís, 100 – Centro – Cep 25689-900 – Petrópolis, RJ
Tel.: (24) 2233-9000 – E-mail: vendas@vozes.com.br